AF453288

ENSEIGNEMENT PROFESSIONNEL

CONFÉRENCE

SUR LES BIJOUX

PAR

L. FALIZE

PARIS

IMPRIMERIE E. CAPIOMONT ET Cie

6, RUE DES POITEVINS, 6

1886

LES BIJOUX

PAR

L. FALIZE

CONFÉRENCE DU 22 AVRIL 1886

Voici venir la dernière des soirées consacrées aux conférences de la Bibliothèque Forney, cette année.

Comme vous, j'ai assisté à plusieurs de ces leçons, et, des places où vous êtes assis, j'ai écouté les maîtres qui m'ont précédé à la table que j'occupe aujourd'hui.

Et j'éprouve à venir après eux une réelle émotion, non pas seulement parce que j'ai peu l'habitude de parler en public, et que votre grand nombre m'intimide un peu, mais parce qu'ils vous ont entretenus de questions où l'art, l'industrie, la science tenaient une large place, et qu'après ces hautes dissertations, c'est retomber, peut-être, que de venir vous parler des bijoux, de cette chose futile, que réprouvent quelques penseurs moroses.

A moins pourtant qu'en réglant ainsi l'ordre des conférences, on ait voulu qu'un tel sujet vînt comme un délassement après de sérieuses études, et que ce soit le dessert du repas substantiel qu'on vous a servi.

Ce scrupule, je l'ai eu bien souvent, et moi, qui ai voué ma vie à l'invention et à la fabrication des bijoux, je me suis demandé parfois s'il était digne et sage de donner toutes ses forces, toutes ses aptitudes à ces menus hochets, — s'il était bien de se faire l'esclave des caprices de la femme, le serviteur complaisant de sa coquetterie, et s'il n'aurait pas mieux valu laisser là cette bijouterie, art ou métier, pour chercher quelque autre occupation plus noble.

Un ami à qui je confiais mes scrupules, me rassurait en me démontrant que ce que j'appelais une chose inutile, était au contraire une œuvre nécessaire, parce qu'elle répond à des besoins éternels, universels; — il me disait avec une verve un peu paradoxale que se parer de bijoux est aussi nécessaire à l'homme que de boire et de manger, plus néces-

saire que de se vêtir, plus indispensable que de se
bâtir une maison.

Et, en effet, l'humanité a bien vécu six mille ans
sans soupçonner la force de la vapeur, ni connaître
l'électricité. — Elle avait attendu jusqu'au quinzième siècle de notre ère avant de trouver.l'imprimerie, mais elle avait découvert les bijoux dès
l'origine du monde; — l'homme préhistorique et
l'homme sauvage se sont parés de colliers et de
bracelets, comme vous vous en parez, mesdames,
et comme vos filles s'en pareront encore pendant
de longs âges. — Ils leur donnaient et ils vous
donnent les mêmes satisfactions, et, puisque l'instinct de la parure répond à un besoin de nature que
ni la civilisation, ni la raison, ni aucune modifica-
tion des lois et des mœurs ne peuvent faire cesser,
c'est œuvre méritoire que d'aider à y satisfaire.

J'ai donc continué à faire des bijoux pour la plus
grande satisfaction des hommes et des femmes de
mon temps, et je ne pense pas que vous m'en blâ-
merez. Si vous les aimez autant que moi, nous
allons en causer.

Mais vous n'attendez pas qu'en une heure je vous
raconte leur histoire, que je vous explique tous les
procédés de leur fabrication, que je vous détaille
tous les éléments dont ils sont faits, que je vous
montre leurs formes et leurs emplois, — que je

vous fasse voyager dans tous les pays et vous dé-
crive tous les costumes où ils tiennent une place. —
Vous n'exigerez même pas que, me renfermant dans
une thèse purement artistique, j'essaye de vous dire
le dessin qui leur convient, ou je vous définisse
les styles qui en marquent les plus belles époques.

Pour résumer tout cela, il faudrait un livre, un
gros livre, bien savant, bien complet, qui toucherait
à l'archéologie, à l'histoire, à la science, à la techno-
logie ; je ne sais pas qui l'oserait écrire, mais je
sais que personne ne l'a fait. — Car, et c'est étrange,
il n'existe rien encore sur les bijoux et c'est presque
donner raison à ceux qui les voudraient regarder
comme inutiles, que de constater que l'étude en est
encore à faire.

Il est vrai qu'il y a de nombreux travaux consa-
crés à l'orfévrerie, mais c'est une très grosse erreur
que de comprendre l'art du bijoutier dans l'art de
l'orfévre et que de souder étroitement deux métiers
qui n'ont de commun que la matière employée et
les outils et les instruments de travail.

La bijouterie diffère de l'orfévrerie en ce que
celle-ci appartient au mobilier, tandis que celle-là
s'attache à la personne.

Objets d'or, d'argent, de cuivre ou d'étain sont
du domaine de l'orfévre s'ils sont destinés à l'ornement de l'autel ou de la table, s'ils tiennent des

meubles ecclésiastiques ou civils, s'ils se posent et demeurent immobiles ; mais, dès qu'ils sont portés par la personne, dès qu'il servent à embellir l'individu, dès qu'ils font partie du costume, ils deviennent bijoux ou joyaux.

Un plat d'argent, un nécessaire de toilette, un vase ciselé, un ostensoir, un calice, une croix d'autel sont des travaux d'orfévrerie, tout le monde le sait, comme on sait aussi qu'un collier, qu'une bague et qu'une chaîne de montre sont des bijoux. Mais j'étends plus loin ma définition : sont aussi des bijoux tous les menus objets que réclamerait peut-être un orfévre, mais qui, par leur usage, sont de nature à être portés par la personne : — la montre, le drageoir, la tabatière, l'étui, le flacon, qui tous s'enferment dans la poche ou se portent à la main, les armes mêmes, — si quelque travail plus fin les vient embellir et échappe au métier de l'armurier, — les armes deviennent bijoux ; — un poignard à manche de jade incrusté de rubis, une épée à la coquille d'or ajourée et ciselée, sont des bijoux. Nul ne me contredira.

Enfin, ce n'est pas seulement parce que la matière en est précieuse qu'un bijou sera considéré comme tel ; il peut être de cuivre, de fer, de plomb, de bois, d'ivoire, d'ambre, de nacre, d'écaille, de corail ou de jais, pourvu que la matière en soit solide, qu'elle ne soit ni de laine, ni de soie, ni d'aucun tissu ; dès lors que cet objet entre dans le costume et sert à la parure, il est ou a été bijou.

C'est ainsi que la passementerie est dérivée de la bijouterie. Les galons d'or de nos uniformes ne sont qu'une imitation appauvrie des plaques d'or mince étampées dont se paraient les guerriers et les rois et qu'on cousait sur leurs armures et sur leurs vêtements. Les boutons, les agrafes, indispensables pour attacher nos vêtements, sont dérivés des bijoux les plus primitifs, et il n'est pas rare qu'on en fasse même d'or ou d'argent, comme on en fait en os, en nacre, en bois, ou en porcelaine, comme on en fait en cuivre ou en acier. — Les épingles ont été des bijoux de tous temps et celle dont vous attachez les langes des enfants et que vous nommez épingle de nourrice, cette épingle dont la pointe est protégée par une boule et n'offense pas la main, cette épingle-là, qui a été brevetée et patentée il y a vingt ans, n'est que la répétition de la fibule antique, mignon bijou d'or que la tombe étrusque nous a rendu par centaines.

Tout est bijou donc ; — il n'est pas une partie du corps qui n'ait les siens, bijoux indispensables ou parures superflues.

La tête a la couronne, le bandeau, le diadème, le tænia, le casque, les épingles à cheveux, le stylet ou la flèche, l'aigrette, le bouquet, la branche, les fleurs, la ferronnière ; — le front — les plaques ou fer des hollandaises — le cache-malice d'Auvergne — le peigne, la résille, les fourches des Japonaises, les épingles et les chaînes de bonnet, pour ne nommer que les ornements des femmes ; mais les hommes ont aussi leurs couronnes, insignes de puissance, — leurs casques d'or et d'argent, insignes religieux, — et jusqu'à l'enseigne, ce gracieux bijou dont nous parlerions avec complaisance si nous en étions à décrire les merveilles des quinzième et seizième siècles.

Pour accompagner l'air du visage presque toutes les femmes et quelques hommes portent aux oreilles des boutons, des boucles ou des pendants, — et, si la mode vous en paraît étrange et barbare à vous, mesdames, notez que ce ne sont pas seulement les sauvages qui se percent la cloison nasale pour y suspendre des anneaux, — les Indiennes, les jolies nautch-girls, les bayadères ont, outre cet ornement, des boutons d'or ou de pierreries qu'elles fixent sur le nez même, et cela ne les empêche pas de séduire par leur grâce les Européens qui les voient.

Au cou : le collier, la chaîne, le carcan, le hausse-col, la médaille, le reliquaire, la croix, le pent-à-col, les perles, les amulettes et la bulle, ce joli bijou perdu.

Au col encore et sur la poitrine, non plus sur la peau nue, mais bien sur le vêtement : la broche, l'épingle et le fermillet, la fibule, les plaques de corsages, les fermoirs et les mors de chapes, la patère, le poitrail, les plaques de seins, les boutons, les ferrets, le reliquaire, le médaillon, la chaîne d'ordre et toutes les croix et les ordres qui constituent les insignes ou décorations et sont, depuis la plus haute antiquité jusqu'à nous, le plus envié des bijoux.

A la taille : la ceinture, l'agrafe, la boucle, la chaîne, les patenostres, l'escarcelle, la montre, la chatelaine, les claviers, les plaques de fermoir, les netzkès, le flacon.

Au bras : les anneaux et les armilles, les bracelets, spinthers, péricarpes ou dextrales, les torques gauloises ou romaines, les chaînes, et les manicles.

Aux jambes, les anneaux ou périscélis et ces jolis ornements qui sonnent en cadence quand la danseuse indienne se meut et les agite.

Aux mains : l'anneau ou la bague, la jolie bague, dont la description, dont l'histoire, dont les dessins représentatifs nécessiteraient tout un livre, depuis l'anneau des fiançailles et l'alliance des époux, jusqu'à l'anneau d'investiture que les princes recevaient du Pape, — depuis l'anneau de Saint-Pierre jusqu'à l'anneau du Doge qu'il jetait à l'Adriatique,

— depuis la bague à tirer de l'arc jusqu'à l'anneau gravé qui servait à sceller toutes choses avant l'invention des clefs et des serrures. C'est l'histoire entière des sceaux et des pierres gravées, — c'est la série des légendes, depuis celle Gygès et de Candaule, jusqu'à celle de la grande Catherine et de son favori Potemkin. — Je ne vous raconterai pas la première, parce que vous la connaissez, et je ne vous dirai pas la dernière parce qu'elle est un peu leste.

Les pieds ont aussi leurs parures. — Si Laïs y mettait des bagues, madame Tallien ne craignit pas de ressusciter la mode antique; certains souliers mignons qu'on porte au sérail sont constellés de pierres serties dans l'or. — Le musée d'artillerie contient des éperons qui sont d'un admirable travail et, si Annibal avait envoyé à Carthage un boisseau d'anneaux d'or, pris aux chevaliers romains et ramassés dans la plaine de Cannes, les Flamands à Courtray (1302) prirent aux chevaliers français tués dans la bataille 4 000 éperons d'or.

Vous voyez par cette énumération de combien de bijoux se peut parer le corps de l'homme ou de la femme ; il y en a pour tous les âges, pour toutes les conditions.

Pour l'enfant, pour la jeune fille, pour la femme, pour la mère — il y en a pour l'homme, bourgeois ou soldat, pour l'esclave comme pour l'homme libre, — il y en a pour le sauvage comme pour l'homme au dernier degré de la civilisation, — il y en a pour le roi, pour le prince, pour le capitaine, pour le pape, l'évêque, le prêtre et le clerc, — il y en a pour l'idole, il y en a pour le mort — et cette masse énorme de bijoux civils ou religieux, royaux ou guerriers, sacrés ou funéraires, va se subdivisant selon les temps, selon les âges, selon les styles, selon les modes, selon la richesse, selon le caprice, jusqu'à l'infinie variété, en sorte qu'ils formeraient le plus grand et le plus étonnant musée, si on avait pu les conserver. Mais par une conséquence directe de leur prix, de leur valeur, ils ont de tout temps éveillé la cupidité et l'envie ; on travaillait pour les obtenir, on se battait pour se les ravir, l'or et l'argent dont ils étaient faits subissaient de continuelles façons, allant du trésor au creuset, du creuset à l'atelier de l'artisan, de ses mains à celles du riche et du puissant, passant de celles-ci au cou de la femme, puis arrachés par le vainqueur, retombant au creuset et recommençant de nouvelles transformations.

Il n'existe pas d'objets qui aient eu de si nombreuses et si étranges fortunes. — Le bois, la pierre, la terre, l'ivoire, le fer même et le cuivre que l'air et l'eau oxydent et détruisent ne peuvent se transformer ainsi — tandis que vous, Madame, qui avez un anneau d'or au doigt, vous ne savez pas si cet or a été extrait en ces derniers temps d'Australie ou de Californie, ou s'il ne vient pas de quelque âge ancien, s'il n'a pas été trouvé à l'état pur en Libye ou charrié en brillantes paillettes dans les eaux du Pactole, — s'il n'a pas été dieu à Memphis ou à Babylone, si quelque fille des Hébreux ne l'a pas arraché de ses oreilles le jour où pour fondre le veau d'or on récolta tous les bijoux du peuple, au pied du Sinaï. — Vous ne savez pas s'il n'a pas pris naissance sous les doigts du roi Midas, s'il n'a pas été dans le trésor de Crésus ou au temple de Delphes, si Alexandre ne l'a pas rapporté des Indes, si Paul-Émile ne l'a pas transporté à Rome, si les Barbares ne l'ont pas enlevé de Rome, s'il a été à Constantinople, ou s'il a servi à renfermer les reliques de quelque saint. — Quelle poésie vous pouvez attacher à cet or ou aux pierres que vous possédez et qui, elles aussi, ont subi des tailles successives ! — Par quelles mains ont-elles passé depuis qu'on les a trouvées dans la terre ? — Mains de princes, de rois, de bandits, de prêtres, de saints, de juifs et de lombards, d'artistes et d'ouvriers. — Ah ! si les bijoux pouvaient parler, — mais ils parlent, et ils sont nombreux ceux qui ont gardé leur forme primitive.

Car, si je viens de vous dire que par de continuelles refontes, les bijoux d'or et d'argent ont été condamnés à de fréquentes transformations, il faut ajouter que beaucoup ont échappé à ces aventures.

Avant de commencer une sérieuse étude des bijoux, je disais volontiers autrefois qu'il était impossible d'en écrire l'histoire, parce que rien ne subsistait des bijouteries anciennes. Mes premières recherches m'ont démontré tout le contraire, et j'oserais presque dire que les bijoux sont, avec les poteries les seuls témoins qui nous restent des temps les plus reculés. — Les édifices ont disparu, les ustensiles de bois, les peaux, les étoffes sont avec les cendres humaines retournées à la terre; — les armes de fer ont été rongées par la rouille; — seuls, les bijoux et les vases de terre cuite sont restés inattaqués. — Il y a à cela une cause supérieure, c'est le culte des morts, cette grande religion universelle qui entoure de respect la dépouille de l'homme. — Nous qui croyons marquer pour ceux que nous perdons une si grande piété, nous sommes des profanateurs auprès des peuples antiques de l Égypte, de l'Assyrie, de la Chaldée, de la Grèce, de l'Italie et de la Gaule. — Les Barbares du Nord avaient plus de respect, et les sauvages qui avant Christophe Colomb peuplaient l'Amérique, montraient pour leurs morts un culte plus grand, plus touchant que nous.

C'est la tombe qui nous a gardé intactes les parures antiques depuis l'âge de la pierre jusqu'aux premiers siècles de notre ère, et c'est à mesure qu'avance ce que nous appelons orgueilleusement notre civilisation, que nous oublions nos morts, que nous les dépouillons de plus en plus, quand jadis on les enrichissait ; nous avons hâte de les voir partir pour en hériter : — autrefois, on les parait, on les dotait de trésors.

Si nous avions le temps de suivre les bijoux à travers l'histoire, je vous ferais voir tous ceux que des fouilles plus ou moins récentes ont mis à la lumière et vous éprouveriez une étrange émotion à les examiner, à reconstituer avec ces fragments toute une série d'individus, toute une société qui prendrait à votre esprit une vie plus apparente. Car ces documents parlent à l'imagination d'une étrange façon, et, par un phénomène bien souvent constaté, il suffit d'un élément authentique pour donner une vie propre aux récits de l'histoire. — Tous les savants ont éprouvé ce sentiment et c'est une des jouissances les plus délicates de l'archéologue qui vit dans le passé et refait l'homme comme Cuvier a refait, avec quelques ossements fossiles, toutes les grandes espèces disparues.

Je ne vous raconterai pas beaucoup d'histoires, et cependant elles sont nombreuses celles qu'on pourrait vous dire à propos des bijoux, histoires vraies ou fables, histoires dramatiques ou réjouissantes, qui vous plairaient à entendre, mais qui nous mèneraient hors de notre sujet et bien au delà du temps dont nous disposons. Je ne vous montrerai pas non plus de bijou, et je n'ai pas apporté d'écrins dans mes poches; voici la seule parure que j'aie prise avec moi, je l'ai trouvée hier chez un ami.

C'est une ceinture, une ceinture de coquillages. Les sauvages, de qui je ne vous aurais pas parlé sans cette occasion, sont autant que nous et plus encore amateurs de bijoux, ils ont un art singulier à les composer avec des pierres, des coquillages, des graines, des os, des arêtes, de l'ivoire, des insectes brillants et cent autres matériaux.

Ils se passent plus volontiers de vêtements que de parure et ressemblent en cela aux dieux et aux héros de l'antiquité. Vous vous souvenez de ce personnage de comédie qui, arrivant de voyage, rapporte à sa petite cousine le costume complet d'une femme sauvage, — et ce disant, il tire de sa poche un collier. — Victorien Sardou qui a, vous le savez, infiniment d'esprit, et qui, de plus, a l'esprit de prendre son bien où il le trouve, a emprunté ce joli jeu de scène à un prince. Avant d'être dans le premier acte des *Pattes de Mouches*, cette historiette était dans les lettres du prince de Joinville, elle date de 1840 ou 1842.

Mon histoire est un peu plus ancienne, mais elle est plus voilée aussi, car mon héroïne ne se contente pas de porter un collier, elle avait une ceinture et la voici. A cette ceinture pendait une étiquette jaunie très soigneusement nouée, racontant son origine. Elle vient de l'île de Woualand que découvrit, en 1825, le capitaine Duperrey, dans l'expédition qu'il fit à bord de la corvette la *Coquille* à travers l'Océanie.

C'est un des officiers de son bord, dont je dois taire le nom (car le jeune enseigne d'alors est devenu un homme considérable), c'est un de ses officiers qui l'a rapportée en souvenir de la jeune Taouna, l'une des plus belles filles de l'île.

Tout cela est écrit, je n'invente rien.

Tenez, prenez ce bijou, touchez-le avec précaution, je vous en prie, j'ai pour lui un respect extrême et je le trouve tout plein d'une étrange poésie, que vous allez comprendre. Voyez, il est fait de rondelles découpées, les unes noires, les autres blanches, percées au centre, rangées et enfilées avec un certain goût.

Or, savez-vous ce que sont ces rondelles ? Ce sont

des pièces de monnaie. Chacune représente une valeur, et les blanches sont de beaucoup supérieures, de même qu'un louis d'or vaut vingt pièces de un franc. Cette ceinture n'est pas seulement un bijou, c'est une fortune, c'est un trésor, c'était la dot laborieusement amassée de celle qui l'a donnée.

Que dites-vous? Ne rêveriez-vous pas comme j'ai rêvé, en songeant aux amours du jeune enseigne et de la fille cuivrée, Vénus sombre, qui, pour lui, sortait des mers océaniennes, qui, pour lui, dénouait sa ceinture et qui lui laissait en gage de son amour tout ce qui pour elle résumait la fortune, une dot que, par analogie, nous exprimerions ici par cent mille francs peut-être et plus encore.

Hier, en trouvant cette pauvre ceinture accrochée à un clou et dont vous ne donneriez pas cent sous, je ne m'attendais pas à découvrir sur l'étiquette cette jolie histoire, ce petit poème; il m'a fait rêver de Didon voyant s'éloigner le vaisseau d'Énée, et ma sauvagesse, qui devait être pour le moins fille de roi, m'a paru plus aimante, plus passionnée, plus généreuse que la reine de Carthage et qu'aucune femme du monde, — séduite, mais heureuse de s'être donnée à ce dieu pâle, à cet être extraordinaire qui lui était apparu et qui s'en était retourné vers des cieux inconnus.

Elle lui avait tout donné, son corps, son âme et son trésor. Dumas dirait *son capital* et il aurait, cette fois, doublement raison.

Vous me demanderez peut-être comment la ceinture est passée aux mains de mon ami. Je n'ai pas à vous le dire, l'étiquette porte des noms trop connus, entre autres celui d'une duchesse, mais c'est chez un marchand de bric-à-brac, dans une échoppe de province que mon ami l'a retrouvée; et l'histoire est vraie, tout au long écrite, mais elle est longue et si je vous en racontais beaucoup nous n'en finirions jamais.

Ajoutez qu'à propos de cette ceinture-là nous pourrions faire une dissertation à perte de vue, car on trouve des ornements absolument semblables dans toutes les parties du monde : aux époques préhistoriques, en Asie, en Europe, en Amérique, etc. Mais passons au déluge.

Ce que nous ne pouvons pas raconter ici, vous le verrez, vous l'avez vu dans nos musées ou vous le trouverez dans les livres. — Au Louvre, dans les salles égyptiennes du premier étage, vous verrez quantité de bijoux de verre, de pierres taillées, d'or, de bronze, qui vous paraîtront étranges d'abord, mais qu'un examen attentif vous fera goûter bien vite, car les formes en sont charmantes et notre industrie moderne s'en est souvent inspirée.

— Or, quelque riche que soit le Louvre, il faudrait à ses collections ajouter celles de Londres, de Berlin, de Munich, et surtout celles du musée de Boulack, pour se faire une idée des merveilleux bijoux qu'ont rendus les tombes égyptiennes. Parmi ces parures, la plupart ont été faites pour orner les morts et il en est peu qui aient réellement servi durant leur vie à l'homme ou à la femme.

La tombe assyrienne est si bien cachée, qu'elle n'a pas encore rendu ses morts. On a peu de bijoux venus de Babylone ou de Ninive. Cependant ceux en très petit nombre que j'ai vus au British Museum dénotent un art avancé. Mais les modèles irrécusables de cet art sont conservés dans les belles sculptures que nous ont léguées les Assyriens, et c'est encore au Louvre, dans les grandes galeries consacrées à cet art, que vous trouverez aux bras, aux cols, aux oreilles des rois, des guerriers des prêtres, des génies et des monstres de pierre, la fine et charmante représentation des bracelets, des colliers et des pendants très indiquée, et si minutieusement écrite qu'on les peut encore textuellement copier.

Si des Juifs nous ne connaissons les parures que par le texte de la Bible, très riche et très précis en descriptions, si nous n'avons au Louvre que quelques menus fragments des bijoux trouvés sur

les territoires d'Israël et de Judas, la tombe phéni-
cienne nous a rendu de plus complets documents,
et M. Renan a rapporté, en 1862, de sa mission en
Phénicie, quelques bijoux qui sont au Louvre. —
Londres, cependant, a des collections bien plus
riches que les nôtres. — Les Phéniciens étaient au
vieux monde ce que furent au nouveau les Véni-
tiens, les Hollandais et les Anglais, c'est-à-dire les
navigateurs, les commerçants, les courtiers d'é-
change. — Ils portèrent tout autour du grand bas-
sin méditerranéen d'abord les arts et les produits du
continent asiatique, puis leurs propres marchandises, car ils étaient d'habiles fabricants, habiles
surtout dans les industries du verre, de la teinture,
du bois et des métaux. — Les textes égyptiens de
la dix-huitième dynastie vantent la métallurgie des
Chananéens, et un savant artiste, mort récemment,
Castellani, qui fait autorité en ces matières, attri-
bue aux Phéniciens l'invention du filigrane. — S'ils
portèrent en Grèce les marchandises d'Égypte, ils
aidèrent certainement, par l'introduction de leurs
propres bijoux, à l'éducation artistique de l'Étrurie ;
— ils inondèrent de leurs marchandises l'Espagne,
la Gaule, l'Italie, la Libye ; ils franchirent le détroit
et connurent les premiers les côtes occidentales de
l'Afrique et les îles Britanniques (ou Cassitérides,
d'où ils rapportaient l'étain). — Un jour même,

aidés par Salomon, et tandis que la puissance militaire de l'Égypte était affaiblie, ils lancèrent leurs vaisseaux dans la mer Rouge et allèrent jusqu'aux rivages de l'Inde. Ils rapportaient de ces pays lointains des richesses nouvelles, et les matières premières contre lesquelles ils faisaient des échanges.

Je n'ai pas dessein de m'appesantir sur chacune des nations de l'histoire ancienne ou des temps modernes, je vous l'ai dit d'abord : car nous ne pourrions pas, même à grands traits, dire l'histoire du monde et nous n'aurions pas, en tout cas, le loisir d'expliquer ce que furent dans l'antiquité, au moyen âge et à la renaissance, les bijoux et leurs styles. — Il nous faudrait, après les Phéniciens, nous arrêter à Chypre et y décrire les parures qu'y a trouvées le général Cesnola, parures qui sont maintenant aux États-Unis. Avec le docteur Schliemann nous aurions à fouiller les tombes d'Hissarlick, qui peut-être fut Troie, et à nous arrêter longtemps à Mycènes.

Ce serait le début d'une intéressante étude sur l'industrie des bijoux en Grèce, et de ces premiers essais du travail de l'or, nous avancerions par un curieux examen jusqu'aux plus merveilleux produits de l'art grec. — Si le musée de l'Ermitage, à Saint-Pétersbourg, conserve les trésors du Bosphore Cimméréen, nous avons au cabinet des médailles, à Paris, de beaux échantillons de la bijouterie grecque, et c'est là, comme au Louvre, dans la salle des bijoux, que vous devrez chercher, avec les parures des Athéniennes, les bijoux qu'on faisait en Sicile, dans la Grande Grèce et en Étrurie.

Les Étrusques furent par excellence les bijoutiers des temps antiques. — En guerre avec les Romains, ou soumis à leur domination, ils n'ont jamais cessé de pratiquer les arts du métal. — Si leurs bronzes sont remarquables, leurs bijoux ne le cèdent à aucuns, et les fouilles pratiquées au versant méridional des Apennins jusqu'au Tibre, ont fourni des bijoux qu'essayeraient en vain de copier nos plus habiles ouvriers.

Rome s'efforça longtemps de lutter contre le luxe, elle fit des lois contre l'usage des bijoux, elle n'accepta d'abord que ceux qui servaient d'insignes ou de trophées. — Elle prit aux Sabins leurs armilles, aux Gaulois leurs torques ou colliers. Elle permit la bague à ses chevaliers, elle accrocha la bulle au cou de ses enfants, et peu à peu elle se prit de goût pour les parures brillantes, elle conquit l'Italie, la Sicile et la Grèce par les armes, et la Grèce la conquit à son tour par son luxe, par ses arts, par ses lettres, en sorte qu'aucun pays, même l'Asie au temps de Crésus, ne connut un luxe aussi grand que Rome. — Mais l'art et l'industrie n'étaient pas aux mains des Romains ; ils combattaient, enlevaient et pillaient, ils se dépensaient en disputes au Forum, mais les artisans appartenaient à l'Étrurie ou à la Grèce, et, sous la République comme sous l'Empire, ce furent des étrangers qui pratiquèrent l'orfévrerie et le travail des bijoux.

Hâtons-nous, je m'attarde en dépit de moi. Nous franchissons les temps anciens, sans avoir rien dit des barbares dont la bijouterie cependant serait intéressante à connaître. — Vous irez l'étudier à Saint-Germain, dans l'admirable musée si merveilleusement classé qu'il est superflu de vous y conduire. — Là, depuis le premier bijou qui fut une dent, jusqu'à la fibule d'or et de cuivre émaillé, vous suivrez méthodiquement les progrès du bijou dans notre bonne vieille terre gauloise. — Vous irez de l'âge de la pierre à l'âge du bronze ; vous verrez se croiser, se heurter notre race à la race romaine, vous les verrez se fondre ensemble et l'art du bijou se mêler aussi.

Vous pourrez même, grâce à quelques échantillons empruntés à d'autres contrées et rapportés des grandes fouilles du nord, du centre et de l'est de l'Europe, suivre par leurs parures, par leurs bijoux, par leurs instruments et leurs armes, les grands courants barbares qui, de la Scandinavie, de l'Asie,

des plaines du Danube, allaient descendre comme
des torrents sur la Gaule et sur l'Italie.

Ah ! je voudrais bien m'arrêter avec vous à étudier, sur les admirables documents que nous pos-
sédons, ces premiers siècles de notre ère, à suivre
les phases de la lutte par les vestiges qu'elle laisse
en Italie et en Sicile, en Espagne et en Afrique, en
Angleterre, partout où victorieuse ou refoulée, la
horde barbare, toujours renouvelée, ensevelit ses
morts, les pare, les entoure dans la tombe des bracelets, des bagues, des fibules, des casques, des épées,
des agrafes de bronze, du fer incrusté d'argent, d'or
serti de verre ou de grenats. — Et les bijoux romains emportés de Rome saccagée se mêlent aux
bijoux barbares. — L'Empire se réfugie à Byzance,
l'Occident est aux Ostrogoths, aux Visigoths, aux
Vandales, aux Hérules, et dès lors un autre art,
dont nous n'aurons pas aujourd'hui le loisir de parler, se greffe sur l'art romain. — L'Orient commence à envahir l'Europe ; — l'Inde, la Perse et
l'Arabie infusent dans la vieille terre grecque leurs
caprices et leurs couleurs, et, en dépit des résis-
tances de l'église chrétienne, un style nouveau naît
et se développe dans l'orfévrerie et les bijoux, les
pierres et l'émail se marient aux richesses de l'or
fin, aux nielles. — C'est cette orfévrerie, ce sont
ces bijoux qui, lentement d'abord, à travers l'Eu-

rope, viendront par l'Allemagne se souder aux bords du Rhin à un autre art qui naît en France.

Cet art français, sorti du génie national et des traditions romaines, cet art qui se traduit dans la parure par les bijoux que portèrent nos premières races, les Mérovingiens et les Carlovingiens, il est à Saint-Germain aussi, il est dans tous nos musées de province.

Chefs guerriers et évèques aident à son développement, il marche parallèlement dans l'église et dans le palais : Paris a des bijoutiers et des orfévres sous Chilpéric. Limoges a des ateliers dont l'importance ira s'accroissant et dont les produits rempliront le monde. — Verdun travaille l'or et l'argent, et rivalise avec Cologne dans l'art de l'émail : ce sont les moines grecs qui ont apporté les procédés de l'émail, de la ciselure, des filigranes et des nielles dans les abbayes et dans les couvents de l'Allemagne et de la France ; c'est là que les religieux se donnent avec passion à l'orfévrerie, mais ce sont des artisans libres qui continuent au dehors la fabrication des bijoux populaires ; — ils rivalisent avec leurs puissants concurrents pour l'exécution des parures des hauts barons et des rois, apprenant ou devinant dans cette lutte les secrets apportés d'Orient, mais conservant et propageant les traditions de forme et les procédés d'atelier des gallo-

romains. — Ainsi s'établit un double courant civil
et religieux qui se continue en France et garde aux
bijoux un style national. — Un phénomène sem-
blable se produit en Allemagne, en Italie, en
Espagne et en Angleterre. A mesure que s'apaise
le bouleversement des premiers siècles, que se
fixent, dans les pays qu'elles ont envahis et conquis,
les masses barbares qui ont détruit la civilisation ancienne, elles se recueillent et donnent aux
arts de la paix une importance plus grande.

Ce n'est pas que les luttes soient terminées ; les
Arabes sont entrés en Espagne, les Normands se
sont établis au nord de la France, les Allemands
sont contenus au delà du Rhin ; — mais s'ils se disputent leurs frontières et empiètent les uns sur les
autres, les guerres ont des trêves, les échanges se
produisent, et l'église toute-puissante aide à cet
apaisement, elle domine en tout, elle va imposer sa
règle non seulement à l'architecture, mais à tous
les arts, jusqu'à la parure. — C'est de la grande
école française de Cluny que sortent les canons de
l'art nouveau qui s'étend à toutes choses : ce type,
improprement appelé gothique et qu'on devrait appeler le style français, s'étend de la pierre au bois,
au fer, à l'argent et à l'or. — L'orfévrerie des
châsses affecte la forme d'une église et les bijoux
ont des lignes ogivales, des fleurons ciselés, des

feuillages imités de ceux qui courent aux chapiteaux et aux moulures des chapelles. — Si le type a été donné par le prêtre, ce n'est plus lui qui dirige l'atelier, l'esprit civil règne partout, l'art est sorti du monastère, le maître de l'œuvre est laïque, il commande à des ouvriers qui font partie des corporations, — et saint Louis charge, en 1258, son prévôt des marchands, Étienne Boileau, de coordonner, de codifier en quelque sorte les coutumes diverses qui régissaient ces corporations. — C'est E. Boileau qui composa ainsi le *Livre des métiers*, où le métier des orfévres tient la première place.

Mais ce serait une erreur de croire, nous l'avons dit, que tout orfévre est bijoutier et que tout bijoutier est orfévre. — Il suffit d'ouvrir, à une époque quelconque de notre histoire, les comptes où se lisent en détail les dépenses des rois et des princes, les inventaires, etc., pour y voir apparaître les appellations de graveur, d'esmailleurs, d'escrivains, qui marquent une division du travail aussi apparente en ce temps qu'elle l'est de nos jours. — Il serait puéril de croire qu'un même ouvrier faisait tout, savait tout, et si cette division du métier s'est exagérée depuis jusqu'à des proportions regrettables, il faut admettre qu'elle est nécessaire à la bonne façon des choses, et entre autres à la saine et logique distinction des objets de métal qui conviennent au mobilier, et des parures et joyaux qui conviennent au costume. Nous le prouverons autre part qu'ici.

L'influence orientale qui, dès les quatrième et cinquième siècles, avait pénétré par Byzance, qui s'était accrue lorsque les Arabes avaient envahi l'Espagne (710) et la Sicile (827), s'augmenta considérablement encore à l'époque des croisades. Les princes et les guerriers d'Occident revinrent des plaines de la Syrie émerveillés des splendeurs d'un art qu'ils ne soupçonnaient pas ; — l'Europe en garda mieux que le mirage, elle en reçut des échantillons remarquables ; elle fit venir des ouvriers grecs, maures et arabes ; — Venise et Gênes furent les ports par où pénétrèrent les marchandises des pays musulmans et, parmi ces produits, les bijoux d'or, d'émail et de pierres, dont l'apparition provoqua des modes nouvelles dans le costume civil.

Vous avez vu, autre part, combien se modifièrent les mœurs, combien se transforma le mobilier, combien changea le costume au treizième et au quatorzième siècle. Le luxe de la parure, la somptuosité des bijoux, la richesse des armes égalaient et dépassaient la beauté des meubles et des étoffes. — C'est dans la possession de ces parures que consistait la richesse de chacun. — Une guerre malheureuse, une disgrâce, pouvaient coûter au duc et

au baron ses terres ou ses châteaux ; — mais à ces
biens de fonds, il joignait une fortune mobilière
faite de pierreries, de joyaux, d'orfèvrerie, de parures, les seules valeurs qui fussent à l'abri des
caprices du maître. — Il n'y avait en ce temps-là
ni obligations ni titres de rente, le bon vouloir du
roi suffisait à ramener au creuset les monnaies pour
en changer le titre ou la marque. Les Lombards et
les Juifs prêtaient plus volontiers sur un beau bijou,
sur un « *carquan* » d'or, sur une chesne de béryls,
sur des bagues ou quelque reliquaire garni de
pierreries que sur un bénéfice. Aussi, malgré les
guerres et à cause des guerres même, allait s'augmentant le trésor des rois, des princes, des ducs,
des barons, des évêques et des prêtres. Dans tous
les pays féodaux, s'amassaient dans quelques
mains des richesses énormes que les artisans s'en-
richissaient eux-mêmes à travailler et transformer
par de continuelles façons. En sorte que l'abus de
la fortune aux mains des puissants engendrait l'industrie et les arts, augmentait le commerce et donnait naissance à la banque.

Mais, remarquez-le bien, c'est le point capital :
les bijoux étaient la matière d'échange, le gage de
cette fortune mobilière, satisfaisant ainsi au luxe,
au goût, au travail, à l'épargne, et constituant la
réserve des individus et des sociétés.

Le quatorzième et le quinzième siècle marquent, en Occident, l'apogée de ce luxe et de cette fortune, mais amènent un défaut d'équilibre qui hâte la catastrophe. C'est précisément quand notre pays de France est livré aux grandes guerres, que le roi de France et le roi d'Angleterre s'en disputent les morceaux, que les ducs passent d'un parti à l'autre suivant leurs intérêts. — C'est quand la bourgeoisie aux abois lutte contre les seigneurs et se défend contre les routiers, c'est quand le peuple agonise sous les coups qui l'atteignent de toutes parts, c'est alors que les trésors regorgent, et les inventaires qui nous restent du duc d'Anjou ou des ducs de Bourgogne, des rois Jean ou Charles, nous étonnent par le nombre, la richesse des bijoux et des orfévreries, dont on a d'ailleurs reconstitué avec précision le détail.

A ce même moment se produit dans l'art du bijou une double influence qui, partie du nord et du sud, va modifier le goût et changer les styles.

La Flandre, d'où est née la source de nos guerres ; la Flandre où vit une population dense, laborieuse, fière et turbulente ; la Flandre qui porte mal le joug de ses comtes ou de ses évêques, la Flandre est le berceau d'un art qui va se traduire par la peinture, par la sculpture, par l'orfévrerie, qui va, par la Bourgogne, pénétrer la France, qui envahira l'Es-

2.

pagne et qui modifiera l'esprit allemand. — Au contraire, l'Italie reçoit de Constantinople l'esprit et les traditions antiques. — Tout ce que les lettres et les arts ont conservé du passé revient par un contre-courant de la Grèce à l'Italie. — C'est la renaissance qui commence, et c'est une aurore superbe pour l'esprit nouveau.

Vous n'attendez pas qu'ici je m'essaye à aborder ces hautes questions : déjà je m'étends plus que je n'avais prévu, et pourtant, pour suivre l'histoire abrégée des bijoux, il faut bien que je vous dise à quelles influences l'invention en était soumise.

Mais ce n'est plus la tombe, comme aux temps anciens, qui nous a gardé ces bijoux. — C'est la sculpture[1] qui nous a transmis les types de parures du moyen âge, grâce aux statues tombales, aux figures de rois et d'abbés, aux personnages représentés aux portes de l'église, aux images de pierre et d'ivoire. — Ce sont les manuscrits qui, dans leurs pages enluminées, gardent la reproduction exacte de ces bijoux, de ces costumes. — Ce sont les inven-

---

1. Une visite au musée de la sculpture comparée, au Trocadéro, sera utile à ceux qu'intéresse cette étude. Ils y trouveront réunis les moulages des plus beaux échantillons de la sculpture française du moyen âge et de la renaissance, et ils n'auront pas de peine à retrouver dans les costumes des personnages sculptés la part réservée à la parure.

taires qui nous en disent le prix, le nombre, la composition.

La peinture flamande et la peinture italienne vont
nous donner des rensignements plus précis, et c'est
avec les primitifs du nord et du sud qu'il faut étudier les œuvres des orfévres et des bijoutiers de
Bruges et de Sienne, de Gand et de Florence.

Les peintres resteront, pour tous ceux qui vou-
dront étudier l'histoire des bijoux, les guides les
plus sûrs depuis le quinzième siècle jusqu'à notre
temps.

Remarquez que, dans ces trois écoles du bijou,
— l'école française, l'école flamande et l'école italienne, — trois types absolument distincts règnent
encore. — Chez nous, une ornementation pleine et
solide, assez voisine de l'orfévrerie, inspirée des
modèles de l'architecture, embellie par l'adjonction
de la fleur et de la plante; l'or et l'émail y font à la
pierre des cadres superbes. L'art flamand est plus
capricieux, plus fin; un fermail de chape y est un en-
chevêtrement de clochetons, d'aiguilles, de crochets
et de chapelles où s'enferme une image ciselée et que
sertissent des cabochons, — des figures grotesques
y apportent leurs violents contrastes. — La bijouterie italienne est plus sobre et les peintures de
Giotto et de ses successeurs, de Masaccio, des Lippi,
des Signorelli et des Pérugin, nous montrent une

composition simple, des rosaces peu compliquées, enfermant une pierre ronde, d'arcades ou de cercles concentriques ; des broches quadrilobées ou des losanges ornés ; — c'est toute une école tranquille dont l'influence reposante ne durera pas assez, mais dont la note ornementale convient aux chastes madones, aux anges recueillis, à ces radieuses figures qui apparaissent dans la peinture italienne comme une vision céleste.

Mais passons — passons vite — sans même pénétrer cet art épuré qui contient tout en principe à ce point que les grands maîtres de la renaissance italienne sortent souvent des ateliers d'orfévres, et que tous daignent y entrer pour dessiner des modèles, si bien que Michel-Ange dessine des bijoux comme a fait avant lui Mantegna.

Cette renaissance pénètre de sa merveilleuse beauté tous ceux qui entrent dans son cercle ; les artistes viennent de France, d'Allemagne et des Flandres s'en imprégner, ils retournent et emportent avec eux la bonne semence comme une vérité d'en haut. — Le germe en fermente partout et c'eût été une sage réserve de s'en tenir à de telles études ; — malheureusement la curiosité des uns, l'avidité des autres poussa la France au delà des Alpes. — Charles VIII entra en Italie, Louis XII l'y suivit. On sait les malheurs et les guerres qui découlèrent de ces folles expéditions et comme toujours, comme nous l'avons vu déjà trois ou quatre fois depuis que nous causons ensemble, ce furent les peuples que l'on croyait conquérir qui envahirent par leur goût, leurs mœurs et leurs arts leurs soi-disant vainqueurs. — Ainsi l'Italie vaincue conquit la France par ses lettres, ses modes et ses chefs-d'œuvre.

Nous voici entrés en pleine renaissance avec les Valois. François Ier règne à Paris, — Henri VIII en Angleterre, — Charles-Quint en Espagne et en Allemagne, — Léon X à Rome. — Voyez leurs portraits, — examinez les peintures de Clouet, d'Holbein, de Raphaël, — relisez les récits de l'entrevue du camp du Drap-d'Or, consultez les Mémoires de Cellini, — fouillez les comptes royaux, — cherchez les dessins d'Albert Durer, de Jean Cousin, d'Holbein, — vous y trouverez des bijoux dont vous recomposerez de merveilleux écrins; — sur ces bijoux nouveaux, paraîtront des dieux, des anges, des êtres mythologiques et sacrés, des satyres, des animaux, des monstres et des grotesques, tout un monde de figures gravées dans la pierre, ciselées dans l'or, repoussées et émaillées, dont Cellini vous indiquera les procédés de modelure, de fonte et d'exécution.

C'est la fable antique qui remplace la légende chrétienne et se mêle à la légende juive ; les bijoux sont prétexte aux illustrations les plus étranges, — aux scènes les plus licencieuses. Il nous reste de ces petites merveilles assez d'échantillons pour dire que rien n'est plus parfait, plus vivant, plus coloré, plus amusant que cet art varié, imprévu, aussi grand dans sa délicatesse que la sculpture sur bois, sur ivoire et sur pierre, mais ayant en plus l'éclat de l'or, de l'émail et des gemmes.

La décadence se produit rapidement en Italie, et la France attire des artistes déjà dégénérés; — mais elle gâte son goût avec ces maîtres qu'elle loge à Fontainebleau, et les artistes français luttent pour le bon sens, le bon goût contre les caprices des Valois et les exigences de la cour.

Les renseignements deviennent plus précis. — Aux documents peints s'ajoutent les documents gravés. — Nous avons l'œuvre d'Étienne de Laune, de Woeiriot et de René Boyvin, pour n'en nommer que trois en France; — en Allemagne, les maîtres graveurs Virgilius Solis, Aldegraver et Mignot font avec Jannitzer une école admirable. — Théodore de Bry continue en Flandre avec Coliaert et les Floris les bonnes traditions.

Jusqu'alors c'est bien le bijou qui tient sa place dans le costume, les pierres n'en sont que le complément, les perles en achèvent la forme, servent de pendeloques et de centres, s'enfilent en colliers, brodent les étoffes. — Le diamant n'est qu'un accessoire peu recherché, car son éclat vitreux n'a pas la couleur attrayante des émeraudes et des rubis. — La joaillerie n'est pas née [1]. Les Valois ne l'ont pas connue, et Henri IV, pauvre comme un cadet de Gascogne, ayant plus souci d'aimer que de briller, puis devenu capitaine guerroyant avec un pourpoint rapiécé pour conquérir son royaume, Henri n'a pas le loisir de jouer avec les pierreries qu'il eût troquées avec joie contre des soldats. — Quand il est roi, il laisse à la reine ses colliers [2]. Il donne à Gabrielle d'assez méchantes parures, et son règne, avouons-le, n'est pas celui des meilleurs bijoux, bien qu'il loge le premier dans son Louvre les bijoutiers et les orfévres.

C'est sous Louis XIII que naquit la joaillerie, et c'est Louis XIV qui l'amena à sa grande splendeur. — Cet art, très voisin du nôtre, mais qui, négligeant la ciselure, la gravure et l'émail, ne se sert

---

1. Ceci ne veut pas dire qu'il n'y avait pas de diamants et de joyaux, mais seulement que l'art de les monter n'était pas analogue à ce que nous nommons aujourd'hui la joaillerie. François Ier avait constitué le trésor particulier que nous nommons encore les *Diamants de la Couronne*. L'histoire de ces pierres est à faire depuis ce temps jusqu'à nos jours, elle pourrait être écrite avec les documents conservés aux Archives nationales.

2. Bassompierre (*Journal de ma vie*, tome I) dit cependant qu'au baptême de son enfant, la reine étalait sur sa robe 39.000 perles et 3.000 diamants.

du métal que pour mettre en œuvre et sertir les diamants, cet art n'existait pas avant ; — il tend aujourd'hui à absorber et même à annihiler la bijouterie.

Il commença, dis-je, sous Louis XIII, par un caprice de la mode, — et les portraits peints par Rubens et par Van Dyck montrent à quel développement il atteignit en peu de temps. — Mazarin, en acquérant les plus beaux diamants de son temps, et en les léguant au roi, aida à l'accroissement de ce goût, et il entrait dans les desseins de Louis XIV[1] d'encourager le penchant de ses courtisans au luxe, à la prodigalité, à la dépense, pour les attacher à sa cour, les domestiquer, les appauvrir et les réduire. — Ce faste inouï était un des moyens de sa politique ; il brisait ainsi la résistance de sa noblesse, et il la courbait plus aisément en la caressant que Richelieu en la frappant.

Sous son règne, sous celui de son successeur, l'histoire de la joaillerie et des bijoux peint l'histoire de la fortune et des mœurs. Nous n'avons pas le temps de nous y arrêter, mais vous me comprendrez si, un jour, allant à Versailles, vous suivez l'histoire des dix-septième et dix-huitième siècles par l'histoire des portraits. Vous monterez au

---

1. *Mémoires de Saint-Simon.*

deuxième étage, et là, depuis les Valois jusqu'à la Révolution française, vous examinerez dans chacun des portraits le rôle, l'importance, le dessin, le style et la valeur de la parure. Vous en admirerez la composition dans les peintures de la Renaissance. Vous verrez le nombre des diamants et des perles s'augmenter au temps de Marie de Médicis et d'Anne d'Autriche. Vous considérerez avec étonnement les bouquets, les pendants, les énormes ornements adoptés en Espagne sous Philippe III et Philippe IV et sous Charles II, — tandis que les parures des Légaré restent en France un modèle de bon goût, et que leur extrême richesse ne dépare ni le visage ni les formes du corps. — Mais on comprend, en examinant ces images, qu'un duc portait sur sa personne, donnait à porter à sa femme et à ses maîtresses, le prix de ses châteaux et de ses terres.

La défaite arrive : si le roi fait fondre son argenterie et s'il oblige sa noblesse à porter la sienne à la Monnaie (1680), que deviennent les joyaux? Ils disparaissent aussi, et d'ailleurs, les eût-on tolérés, la cour devenant sévère et rigoriste? — La Maintenon n'a pas le goût luxueux des Montespan. — Avec le régent, les parures reparaissent, moins imposantes, plus légères. — Le luxe croît avec les folles spéculations de Law; on fait rendre par le

jeune roi des ordonnances qui n'ont pas d'effet ; —
mais les ruines se succèdent, les diamants fondent,
les perles s'égrènent, et les bijoux d'or renaissent ;
une société toujours frivole, mais plus instruite,
d'un goût plus fin, d'une curiosité inquiète, veut
de l'artiste des parures mieux dessinées, des cise-
lures plus délicates. — Si les bijoux des femmes
empruntent à la mode courante le goût des berge-
ries, des attributs mièvres, des nœuds de rubans,
des cœurs, des bouquets, des corbeilles, des hou-
lettes et autres pièces connues ; les formes de mon-
tres, de bonbonnières et d'étuis d'or s'épurent. —
Jamais plus précis n'ont été les outils des ouvriers.
Ces ouvrages méritent encore notre admiration. Les
sévères règlements qui font des métiers un corps
inflexible et fermé où il faut gagner laborieusement
ses grades, ont cet immense avantage de faire de la
corporation des orfévres le premier des états du
monde. — Les ateliers des Gobelins ont contribué
à augmenter encore l'art et l'habileté des orfévres.
L'invention des artistes ne se prodigue pas comme
aujourd'hui en de perpétuels changements. — Le
style bien français s'impose au monde. Les caprices
de Louis XV, si étranges et si baroques quand ils
sont traduits par les Allemands, les Italiens ou les
Anglais, ont une saveur, un esprit, une grâce que
nous-mêmes, à présent, ne savons pas imiter, et

qui en font des objets d'art qu'on paye aujourd'hui d'une valeur décuplée.

Le goût de l'antique revient avec la découverte d'Herculanum et de Pompéi ensevelies. — La bijouterie s'empare de l'idée rajeunie, s'accommode de ce style, — redresse ses courbes, affermit ses contours, — mêle à l'or fin les ors de couleurs, retrouve l'émail, sème les roses, les jargons, les strass et l'acier même dans des trophées, dans des guirlandes. — Quel art charmant! — Vous le connaissez tous, — pourquoi le décrire?

Puis la Révolution éclate : plus de corporations, plus de privilèges, plus de maîtres, plus d'apprentis, plus de règlements étroits et jaloux, la liberté pour tous, et, tout d'un coup, d'une réforme sage, peut-être, mais trop prompte et trop rapide, entraînée dans le tourbillon d'autres réformes que nous n'avons pas à examiner et encore moins à juger, la débandade, la perturbation, l'effondrement de toute une société, — disparition des riches, fermeture des ateliers, traditions perdues, — plus de guide, plus de dessins, plus de style, — l'effacement du goût français que nous cherchons encore à ressaisir après cent ans de lutte et de travail et les tentatives les plus diverses.

Dispensez-moi de vous raconter ce qu'ont été les bijoux sous la République, sous l'Empire, sous la

Restauration, sous la Monarchie de juillet, sous le deuxième Empire et aujourd'hui.

Le caprice va vite, la mode est changeante, et, dans ce dernier siècle, on a vécu tous les siècles anciens. — Notre vieil art désorienté, désemparé, affolé, s'est essayé à tout sans s'arrêter à rien. — Ce n'est pas seulement l'histoire des bijoux, c'est l'histoire de tous nos arts, de tous nos métiers; notre société, dans sa fièvre de vie, dans sa griserie de nouveauté, se lasse d'aujourd'hui, aspire à demain et semble abandonnée à un carnaval perpétuel.

Il n'en est pas un parmi vous, quelque jeune qu'il soit, qui n'ait assisté déjà à quelqu'une de ces transformations du goût qui prêtent à l'objet de la veille une apparence vieillotte et fanée, ridicule même, et, par un phénomène inverse, tout ce qui n'est pas d'hier, tout ce qui est vieux, ce qui passe pour ancien, bénéficie de ce goût blasé. — Le bibelot est roi, l'antiquaille fait prime. Tout récemment, un de nos Académiciens faisait à l'Institut le parallèle entre notre société et la société romaine : mêmes vices, mêmes travers, même engouement excessif pour les arts du passé. Combien n'avons-nous pas eu de petits « Verrès »? — Les petits-fils de ceux qui ont pillé les églises et les châteaux et qui ont mutilé les vieux édifices de la

France, rachètent à prix d'or les miettes de cet art détruit.

Ainsi partagée entre le regret et l'admiration du passé, et une inquiète aspiration vers une formule qu'elle n'a pas encore trouvée, notre société nerveuse, mécontente, lassée n'a en propre ni littérature, ni architecture, ni costume ; elle n'a trouvé de style ni pour sa pensée, ni pour sa demeure, ni pour sa personne.

Les causes les plus multiples participent à cette confusion. Les moyens rapides de communication ont mêlé tous les peuples, fondu les nations, mené la province à Paris ; — il n'y a plus de barrières, on ne vit plus chez soi, le monde est un grand boulevard où chacun passe au hasard du caprice. Le progrès, ce qu'on appelle le progrès, accélère ce remuement des individus et des races. — Le besoin de jouir enlève à l'homme le recueillement et la patience qui étaient les grandes vertus de nos pères, et, pour tromper les appétits, pour satisfaire cette mauvaise soif, le commerce a inventé le faux luxe, l'industrie surmenée a créé les produits à bon marché, véritable poison qui nous gagne.

C'est l'envie, le besoin de briller, la tentation d'éblouir le prochain et de se faire illusion à soi-même. Ce mal gagne la bourgeoisie et la classe ouvrière ; il pénètre jusqu'au fond des campagnes et c'en est fait bientôt de la belle et saine simplicité de nos pères.

Ne croyez pas que j'exagère et ne dites pas que je m'éloigne de mon sujet; — j'y suis en plein et vous l'allez bien voir.— Mais avant de parler de nos bijoux, accordez-moi que vos meubles plaqués qui se décollent vous font regretter les bons vieux meubles solides de chêne ou de noyer, — que nos draps ne valent rien, non plus que ceux que nous tirons niaisement d'Angleterre, en oubliant les bons produits anciens de Louviers et d'Elbeuf; — que les soieries se graissent et se coupent et que les trompeuses étoffes que nous vantent les magasins de nouveautés sont plus chères à leurs bas prix que celles dont s'habillaient pendant de longues années nos grand'mères. — Si nous passions en revue tout ce qui compose notre habillement et notre mobilier, que dirions-nous de l'industrie moderne, hâtive, trompeuse, égarée par la concurrence à tous prix.

Une seule chose, une seule, je crois, avait échappé, a échappé encore à ce qu'on appelle la vulgarisation du goût, ce que j'appelle le dévergondage du travail : c'est la bijouterie. — La conservera-t-on longtemps ?

Elle a depuis l'empire et la restauration subi tous les caprices de la mode — elle a essayé de tous les styles et de tous les genres. — L'histoire des artistes et des maîtres qui l'ont illustrée vaudrait d'être faite. — Elle a, grâce à eux, grâce à une admirable pépinière d'ouvriers hors ligne, maintenu jusqu'ici sa supériorité sur toutes les concurrences étrangères ; elle a surtout, grâce à une loi sage et protectrice, conservé une réputation intacte de loyauté, de noblesse et de pureté que rien n'a pu attaquer.

Mais tout cela est menacé. — En 1776, Turgot avait, en détruisant les jurandes, porté un premier coup aux règlements des orfévres, la Révolution de 1789 acheva de les détruire, mais huit ans après, elle édictait une loi, la loi du 19 brumaire an VI, qui mettait sous la surveillance directe de l'État les travaux des bijoutiers et des orfévres.

Car le législateur appréciait dans un bijou ce qu'a voulu de tous les temps y voir la pensée de l'homme, moins un hochet de vanité que la représentation réelle du bien-être acquis, le gage d'un luxe nécessaire, le symbole d'un superflu **indispensable**.

Car nous avons besoin de luxe. — « Le luxe, a
« dit un de nos économistes, Baudrillard, est une
« nécessité : non pas le luxe absolu, mais le luxe
« relatif. C'est-à-dire que l'homme **a besoin de**
« **superflu**, et c'est pour pourvoir à ce luxe relatif
« qu'il travaille, économise et crée plus de capital

« qu'il n'en détruit. L'homme réduit au désir du
« nécessaire cesse de progresser. »

Ainsi comprise, cette épargne ne doit pas comme
les étoffes, les meubles et autres objets être exposée
à l'usure, il faut à ce symbole du luxe une matière
inusable, qui ait en elle-même sa valeur; il faut
qu'une autorité supérieure vienne rassurer l'acheteur contre les altérations possibles de cette valeur.
Le bijou devient une monnaie, l'État s'en est fait le
garant; — comme il frappait de son coin la pièce
d'or et la pièce d'argent, il a voulu apposer son
poinçon, son contrôle sur les bijoux français.

Et cette garantie associée au goût de l'inventeur,
à l'adresse de l'ouvrier, a fait du bijou français le
bijou le plus estimé au monde. Vous le savez tous.

La loi existe encore, elle est toujours en vigueur,
mais on y a fait récemment un léger accroc, une
petite brèche, une piqûre de ver par où elle périra
certainement. Savez-vous pourquoi?

C'est que nos commissionnaires, ennemis inconscients de l'industrie nationale, ceux qui n'exportent
et n'importent que les mauvais produits, et gâtent
par le besoin du bon marché tous les métiers et tous
les commerces, — c'est que nos commissionnaires,
après avoir demandé à nos fabriques de France les
bijoux légers, les bijoux creux, les bijoux doublés
et les bijoux dorés, ont inventé un autre genre

de bijoux pour les colonies, pour les pays ignorants et lointains.

Il s'agissait pour eux de faire, non plus en doublé d'or ni en cuivre doré, mais **en or** des bijoux qu'on pût vendre *moins cher que l'or;* pour cela il suffisait d'en abaisser le titre, de pratiquer pour les bijoux ce que faisaient aux pires époques les princes qui altéraient le titre des monnaies. — La loi française ne permet pas de travailler l'or au-dessous de 18 karats ou de 750 000mes, — c'est-à-dire de mettre en alliage plus d'un tiers du poids d'or fin. — En augmentant la proportion de cet alliage, on pouvait réaliser une économie considérable et cette économie devenait un bénéfice, soit qu'on continuât à vendre les produits au prix antérieur soit qu'on parvînt par ce stratagème à en doubler ou en décupler la consommation.

La chose était impraticable en France, mais on la pratiquait déjà en Angleterre, en Suisse et en Allemagne, où n'existe pas de loi similaire, et où la bijouterie jouit d'une liberté absolue.

En Suisse et en Allemagne, subsistaient, à Genève, à Pforzheim et à Hanau, de petits centres industriels dont l'origine remonte au temps de Louis XIV et qu'y avaient créés des ouvriers français chassés de leurs pays, lors de la révocation de l'édit de Nantes.

C'est à ces villes que nos commissionnaires ont porté nos commandes ; ils leur ont prêté nos modèles, ils ont créé au détriment de notre industrie nationale une industrie rivale, de bas aloi, il est vrai, mais dangereuse, meurtrière, jalouse, malhonnête, en ce qu'elle était la copie de nos produits et que cette contrefaçon se vendait ici-même, dans les bureaux des douanes, où l'acheteur étranger venait choisir, acheter, commander sur échantillons des pièces qui ne pouvaient pas, il est vrai, sortir de là pour pénétrer dans la consommation intérieure, mais qui passaient en transit et s'en allaient aux Colonies, procurant, à nos dépens, des bénéfices énormes aux fabricants Allemands et Suisses et à nos commissionnaires trop intelligents, mais très coupables.

Cela s'est passé pendant vingt-cinq à trente ans, — et la bijouterie française, si elle n'en est pas morte, en est très appauvrie, très malade. — Elle souffre d'autant plus qu'elle voit sa rivale d'Allemagne florissante et réjouie. — Pforzheim est une ville de 25 000 habitants qui ne vit, n'existe et ne travaille que par et pour les bijoux.

Et un sentiment patriotique s'est éveillé chez les commissionnaires eux-mêmes, — et cela d'autant mieux et d'autant plus, qu'ils n'avaient plus le profit du mal qu'ils avaient fait, et que les Allemands intelligents, se passant d'eux comme intermédiaires, vendaient directement et poussaient l'audace jusqu'à marquer de faux poinçons français les bijoux d'or bas qu'ils expédiaient aux comptoirs d'outre-mer.

On a réclamé, on a demandé au gouvernement français la liberté, l'abolition du titre, le droit de travailler comme les Allemands, les Anglais, les Italiens, les Suisses, sans être soumis au contrôle de l'État.

Et l'État a refusé parce que, quelle que soit sa sollicitude pour les intérêts particuliers d'une industrie, il a le devoir absolu de veiller à la sécurité du plus grand nombre.

On s'est étonné qu'on ne voulût pas pour le bijou permettre ce qu'on a permis pour la laine, qu'on mélange de coton, pour la soie qu'on charge de sucre et de sels de plomb. — Pourquoi tolérer la tromperie sur les tissus et pas sur les matières précieuses ? — C'est, je le répète, que les bijoux sont l'expression la plus directe de l'épargne ; que la loi reconnaît en bien propre à l'épouse l'écrin qui renferme ses bijoux, et que, depuis l'anneau d'or de la fiancée jusqu'à la rivière de diamants que l'homme riche donne à sa femme, joyaux superbes ou bijoux d'or constituent la suprême ressource, le dernier gage qu'osera engager la mère quand les enfants auront faim, — celui que ne pourront pas saisir les créanciers du mari, — le refuge enfin, le salut. — Le législateur a été un philosophe et un sage quand il a résisté et quand il a conservé à la France cette loi qui fait du bijou non pas seulement une parure d'or garanti, mais une économie pour les suprèmes détresses.

Mais il a failli pourtant, et il a fait une demi-concession. Il a fallu qu'un ancien commissionnaire en bijouterie, par les derniers hasards de bascule de notre politique, devînt ministre, pour que la loi, *maintenue au dedans*, fût modifiée au dehors.

Désormais nos bijoutiers français peuvent fabriquer pour l'exportation seulement, des broches, des bracelets, des chaînes, etc., à tous titres : les règlements ne les atteignent et les lois ne les punissent que s'il en vendent en France.

Je ne veux pas parler de ces dispositions nouvelles ; je les ai combattues de toutes mes forces avant qu'elles ne fussent rendues, et je n'ai pas vu encore qu'elles aient eu un effet satisfaisant pour personne : le piteux résultat que dévoilent les états de douane le démontrent, mais ce n'est pas une question à discuter ici.

Ce que je crains, c'est que ce nouvel état de choses ne soit un acheminement à l'abrogation complète de la loi ancienne et que, menacés déjà par la grande fabrication allemande, nous en soyons un jour envahis comme le sont l'Angleterre, la Belgique et l'Italie.

C'est contre ce danger probable que je veux vous mettre en garde, et, pour cela, il suffit presque de faire appel à votre goût, car j'ai vu les parures allemandes, j'ai été les examiner dans leurs pays; — j'ai étudié ici, depuis, les échantillons que deux de mes confrères pleins de zèle, de dévouement et d'intelligence avaient été chercher, et avaient obtenu l'autorisation d'introduire sous leur propre responsabilité : c'est laid, c'est mauvais, c'est fragile, ça n'a qu'une apparence fraîche et coquette, comme tous les produits de pacotille auxquels cependant vous vous laissez prendre tous les jours avec une facilité surprenante. — Que demain une loi ouvre la frontière, ces bijoux rempliront aussitôt certains rayons de nos grands magasins de nouveautés et vos femmes les achèteront et s'en pareront avec ardeur, comme elles font des fausses dentelles, des velours de coton, des soies légères, des toiles de dernière qualité qui n'ont rien que l'apparence.

Oh ! défendez-nous contre ce faux luxe que détestaient d'instinct vos mères. C'est argent perdu que celui que vous mettez à cette pacotille avec laquelle vous ne trompez que vous. — C'est avec de semblables produit que les navigateurs allaient aborder aux terres lointaines pour échanger leurs verroteries contre les riches matières, bois, épices ou poudre d'or qu'on leur livrait. — On vous traite un peu comme ces pauvres sauvages, et contre le produit de votre travail, on vous livre des marchandises inférieures. — Ce qui vous ôte le droit de vous en plaindre, c'est que vous êtes complices de cette décroissance de l'industrie française. Vous travaillez moins bien ; patrons et ouvriers, vous trichez sur la matière ou sur la main-d'œuvre, vous descendez aux vilaines spéculations, vous vous compromettez et vous compromettez l'honneur commercial du pays, — et parfois, disons-le avec chagrin, vous vous combattez niaisement les uns les autres, au plus grand profit de l'industrie étrangère, — comme si tout ne devait pas vous réunir, comme si vous n'étiez pas associés d'honneur et d'intérêt. C'est une grande duperie.

C'est d'autre part une anomalie bien étrange puisque c'est précisément au temps où les progrès de la science, les perfectionnements de la mécanique et de l'outillage, les découvertes chimiques les plus étonnantes ont rendu tout facile, tout possible, que toutes choses aux contraire, baissent en mérite, en qualité et en honnêteté.

Je dis ce que je dis, parce que nous sommes entre nous, dans un quartier de travail où les secrets de

l'atelier sont connus de chacun, et si j'ai osé parler
des produits manufacturés en général, c'est pour
en revenir à celui dont j'ai pris à tâche de vous en-
tretenir, — le bijou que j'ai intérêt à garder sain,
honnête, beau, de bon aloi, parce que je l'aime
passionnément ; et que vous avez besoin de le trou-
ver tel aussi parce que vous l'aimez de même, que
vos femmes le désirent, qu'il est chez vous tous le
gage de toutes vos joies ; — qu'il a un rôle dans le
mariage, à la naissance, au baptême, à la première
communion, à la mort. — Il est peu d'événements
de la vie que l'homme riche ou pauvre ne marque
d'un bijou superbe ou modeste ; — il y grave pieu-
sement un chiffre, une date, un nom, y enferme
une mèche de cheveux, ce sont les reliques sacrées
de la famille. Croyez-moi, les bijoux ne sont pas de
vains hochets, de sottes parures, ils restent aujour-
d'hui comme pendant tous les temps les amulettes
dont l'homme a souci parce qu'ils lui rappellent les
heures joyeuses et les heures tristes, — qu'ils lui
parlent de ceux qu'il a perdus, — qu'ils sautillent
comme des rires, ou brillent comme des larmes.

J'ai fini et peut-être attendiez-vous de moi autre
chose — des dessins, des gravures, des échantil-

lons de pierres, des diamants, des perles et des bijoux brillants ; vous espériez que je vous donnerais ce plaisir des yeux et que je saurais vous amuser comme ont si bien réussi à le faire M. Guilbert Martin en vous montrant ses belles mosaïques et ses verres — et M. Follot en vous déroulant les papiers peints dont il vous racontait si bien l'histoire.

Cela ne m'était pas facile — car mes bijoux sont petits ; on ne peut pas les dessiner à grands traits sur un tableau noir et ils n'ont toute leur valeur que quand ils apparaissent dans le costume. — J'avais un instant songé à profiter de l'offre gracieuse de M. Régamey et à lui demander de vous dessiner, pendant que j'aurais parlé, les types de tous les peuples anciens ou modernes en rendant à chacun sa parure, mais avouez que c'eût été long, difficile et que c'eût été imposer à l'obligeance de l'artiste une bien grosse tâche.

C'est pourquoi je me suis borné à relever avec votre très complaisant conservateur, M. Julien Sée, la liste de tous les ouvrages que possède déjà la bibliothèque Forney et qui sont relatifs non seulement aux bijoux, mais à l'orfévrerie car les auteurs n'ont pas fait toujours la distinction que j'ai essayé d'établir moi-même.

Vous trouverez cette liste sur la feuille qui vous

a été distribuée et j'ai promis au Comité directeur de
la bibliothèque d'indiquer une série beaucoup plus
complète d'ouvrages ayant trait aux mêmes arts.
— Enfin, je vous annonce pour paraître bientôt, un
livre, un beau et très intéressant travail qu'achève
M. Fontenay où vous trouverez six ou huit cents dessins tous relatifs aux bijoux qui, bien mieux qu'une
rapide causerie, vous feront comprendre le rôle considérable qu'occupe la parure dans l'histoire de
l'humanité. — J'ai moi-même commencé un petit
volume qui sera le résumé de cette histoire et qui
paraîtra Dieu sait quand !

Mais est-ce pour vous une étude attachante ? Êtes-
vous particulièrement intéressés à cet art du
bijou ? — J'ai bien reconnu et salué parmi ceux
qui m'ont fait l'honneur de venir ici, des amis, des
confrères, des maîtres et des habiles dans notre
profession bien aimée, mais je crois que le plus
grand nombre de mes auditeurs n'apporte qu'un
intérêt très relatif à ces questions. — Tout autre-
ment aurais-je abordé ce sujet si j'avais été dans
le quartier du Marais ou dans celui du Temple, si
remplis d'ateliers et si peuplés de bijoutiers, ou si
j'avais à en parler à nos apprentis et à nos dessina-
teurs.

J'aurais eu à faire la technique de notre art, à
analyser les matières qu'il met en œuvre, à dire les

qualités de l'or et de l'argent, à noter leurs alliages, à dire leur obéissance à prendre toutes les formes, à se tailler, à se limer, se graver, se polir, à prendre l'émail et les nielles, à sertir toutes les pierres, à se couler dans le moule, se repousser sous l'outil, se sculpter, se modeler. — Car il n'y a pas de matière plus complaisante et c'est pourquoi l'homme ne l'aime pas seulement pour sa valeur, il l'aime comme on aime la chose docile à tout écrire, à tout traduire, à tout rendre.

C'est pour cela que le métier de l'orfévre et du bijoutier est soudé à tous les arts aimables, à la gravure, à la ciselure, à l'émaillerie, à la damasquinerie, à la niellure, à la lapidairerie, à la glyptique, et que par toutes ces expressions relevées de l'art, il tient à l'art le plus pur.

Je reconnais ici des ciseleurs de talent, je voudrais les appeler près de moi, et les exciter à vous dire ce qu'ils éprouvent quand ils travaillent. — Ce n'est pas le pénible labeur d'un ouvrier, la tâche monotone, l'ennui du perpétuel recommencement, il y en a qui sont artistes, qui sont poètes, qui sentent vivre et palpiter le métal : ils sont créateurs, ils vous le diraient mieux que moi, ils vous l'ont dit, car vous qui travaillez aussi et qui vivez dans ce Paris prodigieux où tous les métiers se coudoient, s'aiment et se cherchent, vous avez des

amis partout, vous avez vu graver, ciseler, émail-
ler, vous savez de quoi sont capables tous ces génies
ignorés, tous ces enthousiastes de l'outil, tous ces
acharnés de travail.

Eh bien! ils chôment — ils n'ont plus comme
autrefois cette communion de chaque jour avec le
bijou mignon auquel ils donnaient l'esprit. — On
les délaisse, ces fiers ouvriers, ces spirituels artistes
si Français, parce que la société riche a oublié l'art
du bijou, parce que la vanité de la richesse a
préféré la pierre brutale, irradiante, orgueilleuse
ou qu'une manie du bibelot a fait préférer à l'art
moderne la recherche des choses vieillies ou préten-
dues anciennes.

Rares sont les femmes d'esprit, les hommes de
goût qui viennent nous demander un bijou d'art.

Les bourgeoises ont des diamants au cou, des
diamants aux bras, des diamants aux oreilles,
l'étalage vanté de la fortune du mari; mais elles
n'ont plus le bijou discret, spirituel, qu'aimaient
leurs mères, celui qui avait fait de Froment-Meu-
rice l'ami des artistes et des gens de lettres, l'orfévre chanté par Victor Hugo.

Si je parlais aujourd'hui pour ce public riche,
qu'un mauvais courant de la mode égare, j'insiste-
rais sur ce point, je chercherais avec les femmes
s'il n'y a pas une femme parmi elles assez écoutée,

assez belle, assez aimée pour réagir et pour créer, comme autrefois les reines (de la main droite ou de la main gauche), pour créer une mode plus sage, amener une réaction. Tous nos commerces de luxe souffrent de cette absence de direction et par conséquent les ateliers souffrent aussi.

Mais je savais que j'aurais un auditoire fait en majorité de rudes travailleurs pour qui la perle et le diamant n'ont pas les mêmes séductions et sont des valeurs mortes ou des dépenses superflues, — mais je sais aussi qu'ils restent fidèles au bijou, au bon et honnête bijou d'or, fruit de l'épargne, gage des épousailles, relique des jours heureux. Et je sais que la grande clientèle de nos ateliers est faite de ceux qui, comme vous, dans les villes, les hameaux et les campagnes, travaillent, économisent et conservent non pas d'inutiles trésors, mais la petite boîte où gisent les bijoux de la femme, les souvenirs de la vieille mère.

Or ces modestes écrins réunis représentent dans la fortune de la France un chiffre considérable, ils formeraient ensemble un lingot d'or dont le volume étonnerait — ils fournissent à l'industrie une somme énorme de travail.

Eh bien, ce que je viens vous demander à vous, c'est de ne pas vous laisser tromper par l'éclat menteur des bijoux allemands qui entrent déjà en fraude, contre lesquels on cherche à vous défendre et qui se précipiteraient en masse si on achevait de détruire les vieilles lois protectrices.

Ne souriez pas, — ne vous étonnez pas, vous qui avez les mains noires du travail de la journée et qui n'avez souci que de bien gagner votre pain, ne souriez pas si je suis venu vous parler d'or et de bijoux.

Vous êtes les ouvriers, vous avez la fortune au bout des doigts ; mais si vous n'avez pas pu la saisir, l'inconstante et la coquette, n'a-t-elle pas déjà peut-être remarqué l'un de vous chez qui elle descendra demain. — Elle a choisi déjà peut-être, la fée aux caprices, choisi parmi ces enfants qui m'écoutent inconscients, ceux sur qui elle versera ses trésors. — Il y en a là certainement plusieurs qui arriveront, non pas seulement par un coup de la fortune, mais en s'aidant du travail, de l'étude, de la volonté, de l'honnêteté surtout.

Eh bien, s'ils montent aux premiers rangs, grâce au travail, grâce au génie de la France, qu'ils aient toujours souci d'aider aux progrès de leurs frères et de leurs amis, et, comme vous, qu'ils préfèrent aux séductions neuves ou brutales des industries étrangères, les arts, les produits, le luxe et les merveilles de la France.

Paris. — Imp. E. Capiomont et Cie, rue des Poitevins, 6.